Rezepte und Styling:
Bérengère Abraham

Fotos: Amélie Roche
Übersetzung: Karen Gerwig

PIZZABLUMEN
und Pinwheels

Das neue Partyfood
aus dem Ofen

Jan Thorbecke Verlag

Inhaltsverzeichnis

Grundlagen

TEIG UND SOSSEN

Pizzateig	6
Tomatensoße	6
Tomatensoße mit Aubergine und Rosmarin	7
Basilikumpesto	7
Rucolapesto	7
Pesto Rosso	7

DIE SCHNITTTECHNIKEN

Zöpfe	8
Sonnenblumen	9
Sterne	10
Sonnen	11

Rezepte

PINWHEELS

Gedrehter Kranz mit Champignon-Trüffel-Sahne und Scamorza	16
Schnecken mit Schinken, Emmentaler, Schnittlauch und Sahne	18
Schnecken mit Lardo di Colonnata, Rosmarin und Crème Fraîche	20
Strudel mit Ricotta, Tiroler Speck und Salbei	22
Kleine Schnecken mit Aubergine, Schafskäse, Honig und Thymian	24
Pizzaschnecke mit Pancetta, Oliven und Mozzarella	26
Kleine Schnecken mit Pistazien und Schokotropfen	28

STERNE

Stern mit Kirschtomaten, Mozzarella, Schinken und Rucola	30
Stern mit Kartoffeln, Rosmarin, Mozzarella und Schinken	32
Stern mit Artischockencreme, rohen Artischocken, Mozzarella und Parmesan	34
Stern mit gegrillter Paprika, eingelegten Tomaten, Sardellen, Zwiebeln und Oliven	36
Stern mit Schoko-Nuss-Creme und Bananen	38

SONNEN

Vegetarische Sonne	40
Sonne mit Kürbis	42

Sonne mit Pfifferlingen und Haselnüssen 44
Sonne mit Räucherlachs, La Ratte-Kartoffeln,
  Dill und fein gehobeltem Fenchel 46
Sonne mit Birnen, roten Zwiebeln,
  Gorgonzola und Salat 48

SONNENBLUMEN

Sonnenblume mit Ziegenfrischkäse,
  Zucchini und Kürbiskernen 50
Sonnenblume mit Thunfisch, Mascarpone
  und Salbei 52
Sonnenblume mit Tomate, Kräuterschinken
  und Pecorino 54
Sonnenblume mit Zwiebeln, Kartoffeln
  und Räucherspeck 56
Drei-Käse-Sonnenblume 58

ZÖPFE

Zopf mit Schafskäse, Honig, Feigen
  und Zucchini 60
Zopf mit Artischocken und scharfer Salami 62
Zopf mit Schellfisch 64
Zopf mit Kalbshack, Auberginen, Oliven
  und Pinienkernen 66
Zopf mit roten Früchten und Zitronen-
  Mascarpone 68

GEROLLTE STERNE

Gerollter Stern mit Mozzarella, Kapern,
  Oregano und Oliven 70
Gerollter Stern mit Hackfleisch, Käse
  und Minze 72
Gerollter Stern „Weiße Pizza Regina" 74
Gerollter Stern mit Nougat und
  Mandeln 76

ZUM APERITIF

Pizza-Pops mit Zucchini, Comté
  und Leinsamen 78
Pide Pfirsich-Mozzarella 80
Pide mit drei Sorten Käse, Oliven
  und Sesam 82
Kranz mit Hähnchen, Curry, Frischkäse,
  Kürbiskernen und Tomaten 84
Twist-Pizza mit Rucolapesto, Kalamata-
  Oliven und Sardellen 86
Gewundener Kranz mit Pesto, Pinien-
  kernen und rohem Schinken 88
Pizza-Baguette 90
Pizza zum Zerpflücken mit Käse und
  scharfer Salami 92
Geschnittene Rolle mit Cheddar, Kräuter-
  schinken und Oregano 94

Teig und Soßen

TEIG UND SOSSEN

Pizzateig

Für ungefähr 700 g · Vorbereitung: 30 min · Ruhezeit: 4–6 h · Backzeit: 30 min

5 g frische Hefe • 250 ml lauwarmes Wasser • 500 g Mehl • 10 g Salz

Die Hefe mit dem lauwarmen Wasser anrühren. Mehl und Salz in einer Schüssel mischen, dann die aufgelöste Hefe zufügen und alles gut vermischen. Wenn der Teig einen Klumpen bildet, noch einmal 15 Minuten auf einer bemehlten Arbeitsfläche kneten.

Den Teig in 2 Portionen teilen, auf ein mit Backpapier belegtes Blech legen, mit einem sauberen Küchentuch abdecken und 4–6 Stunden an einem warmen Ort gehen lassen.

Wenn die Teigkugeln schön aufgegangen sind, kann man sie ausrollen und belegen.

Tomatensoße

Für 500 g · Vorbereitung: 25 min · Zubereitung: 30 min

1 kg reife Tomaten • 1 Zwiebel • 2 Knoblauchzehen • 2 Zweige Rosmarin • 3 Zweige Thymian • 1 Lorbeerblatt (getrocknet) • 2 EL Olivenöl • Fleur de Sel • Pfeffer aus der Mühle

In einem großen Topf Wasser zum Kochen bringen, die Tomaten 1 Minute darin kochen lassen, mit kaltem Wasser abschrecken, schälen und würfeln.

Die Zwiebel und die Knoblauchzehen ebenfalls schälen und fein würfeln. Die Kräuter waschen und trockenschütteln.

Die Zwiebel und den Knoblauch in einem Kochtopf mit dem Olivenöl glasig dünsten, ohne zu bräunen. ¼ der Tomaten hinzufügen, kurz aufkochen und zerdrücken. Nach und nach die restlichen Tomaten und die Kräuter zufügen und 10–15 Minuten auf kleiner Flamme köcheln. Die Kräuterzweige entfernen und die Tomatenmischung durchpassieren. Salzen, pfeffern und noch einmal 10 Minuten köcheln lassen, bis die Soße die gewünschte Konsistenz hat.

Tomatensoße mit Aubergine und Rosmarin

Für 500 g · Vorbereitung: 25 min
Zubereitung: 30 min

800 g reife Tomaten • 1 rote Zwiebel • 1 Knoblauchzehe • 2 Zweige Rosmarin • 3 Zweige Thymian • 1 Lorbeerblatt (getrocknet) • 1 große Aubergine • 2 EL Olivenöl • 1 EL Rohrzucker • 15 schwarze Oliven • Fleur de Sel • Pfeffer aus der Mühle

Die Tomaten wie im Rezept für Tomatensoße vorbereiten. Die Zwiebel und die Knoblauchzehe schälen und hacken. Die Kräuter waschen und trockenschütteln. Die Aubergine waschen und trockentupfen, vom Stiel befreien und in kleine Stücke schneiden.

Die Zwiebel und den Knoblauch in einem Kochtopf mit dem Olivenöl glasig dünsten, ohne zu bräunen. Die gewürfelte Aubergine zufügen und kräftig anbraten. Die Tomaten, die Kräuter, den Rohrzucker und etwas Wasser zugeben und 15 Minuten zugedeckt garen. Dann den Deckel abnehmen, die Oliven, Salz und Pfeffer zugeben und weitere 10–15 Minuten garen, bis die Soße die gewünschte Konsistenz hat.

Pesto

Für ein kleines Glas Pesto · Zubereitung: 10 min

Basilikumpesto:

2 schöne Sträuße frischer Basilikum • 8 EL Olivenöl • 2 gehäufte EL Pinienkerne • 1 fein geschnittene Knoblauchzehe • Salz • Pfeffer aus der Mühle

Rucolapesto:

150 g Rucola • 8 EL Olivenöl • 50 g geriebener Parmesan • Salz • Pfeffer aus der Mühle

Pesto Rosso:

10 Blätter (violetter) Basilikum • 50 g Tomatenfruchtfleisch • 4 EL Olivenöl • 10 getrocknete Tomaten, gewürfelt • 1 fein geschnittene Knoblauchzehe • 2 EL gemahlene Mandeln • Salz • Pfeffer

Die Zubereitung ist bei jedem Pesto gleich: zuerst die Basilikum- oder Rucolablätter oder die Tomaten mit etwas Olivenöl in einem Mörser zerdrücken. Nach und nach die trockenen Zutaten zugeben.

Am Schluss das restliche Olivenöl in kleinen Portionen zugeben und weiter mörsern, bis das Pesto eine dick breiige Konsistenz hat. Salzen, pfeffern und in kleine Gefäße abfüllen. Das Pesto hält sich im Kühlschrank eine knappe Woche.

1

2

3

Die Zöpfe

1. Den Teig auf einer bemehlten Arbeitsfläche oval ausrollen. Den Belag in der Mitte verteilen.

2. Die Ränder links und rechts von der Füllung einschneiden.

3. Die Pizza flechten, indem man die Teiglamellen von beiden Seiten abwechselnd übereinander klappt.

Die Sonnenblumen

1. Auf einer bemehlten Arbeitsfläche 2 runde Teigplatten von 30 cm Durchmesser ausrollen. Auf einer Teigscheibe die Füllung ringförmig am Rand entlang und als Klecks in der Mitte der Scheibe verteilen.

2. Die zweite Teigscheibe darauflegen und eine Schale über die Füllung in der Mitte stülpen. Den Teigrand in ca. 20 Streifen schneiden.

3. Die Lamellen um 90 Grad drehen, damit die Füllung nach oben zeigt.

Die Sterne

1. Auf einer bemehlten Arbeitsfläche 1 runde Teigplatte von 30 cm Durchmesser ausrollen und auf eine bemehlte Pizzaplatte legen. 8 Einschnitte von außen und von der Mitte her machen.

2. Den Belag auf dem Ring zwischen den Einschnitten verteilen.

3. Die Ecken der Teigstreifen nach innen falten, damit eine Sternform entsteht.

Die Sonnen

1. Auf einer bemehlten Arbeitsfläche 1 runde Teigplatte von 30 cm Durchmesser ausrollen und auf eine bemehlte Pizzaplatte legen. Von der Mitte her 8 mal einschneiden.

2. Die Füllung ringförmig am Rand verteilen.

3. Die Spitzen von der Mitte her bis zum Rand nach außen falten.

Rezepte

Für 1 Pizza
Vorbereitung: 20 min
Backzeit: 15–20 min

200 g Champignons
1 Schuss Olivenöl
3 EL Crème Fraîche
1 EL eingelegte Trüffel,
  gehackt
Fleur de Sel
Pfeffer aus der Mühle
300 g Pizzateig (s. S.6)
150 g geräucherter
  Scamorza

Gedrehter Kranz mit Champignon-Trüffel-Sahne und Scamorza

Die Champignons schälen und fein hacken. In einer Pfanne mit einem Schuss Olivenöl schwenken, bis sie gut durch sind und das Wasser verdampft ist, dann die Crème Fraîche und die Trüffel zugeben. Salzen, pfeffern und gut mischen.

Den Ofen auf 250 Grad vorheizen. Den Pizzateig auf einer bemehlten Arbeitsfläche rechteckig ausrollen, dann die abgekühlte Pilzmischung darauf verteilen. Den Scamorza reiben und die Hälfte darauf verteilen.

Den Teig so aufrollen, dass eine dicke gefüllte Rolle entsteht. Die Rolle mit einem großen, scharfen Messer der Länge nach in der Mitte durchschneiden. Dadurch entstehen 2 lange Teigwürste. Die 2 Teiglinge miteinander verdrehen und einen Kranz formen.

Den Kranz auf eine bemehlte Pizzaplatte legen und mit dem restlichen Käse bestreuen. 10–15 Minuten backen, bis der Kranz goldbraun ist.

Für 12 kleine
Schnecken
Vorbereitung: 15 min
Backzeit: 10–15 min

350 g Pizzateig (s. S. 6)
4 gehäufte EL Crème
  Fraîche
6 dünne Scheiben
  Schinken
150 g geriebener
  Emmentaler
½ Bund Schnittlauch

Schnecken mit Schinken, Emmentaler, Schnittlauch und Sahne

Den Pizzateig auf einer bemehlten Arbeitsfläche rechteckig ausrollen und die Crème Fraîche darauf verstreichen.

Mit dem Schinken, dem Käse und dem Schnittlauch belegen.

Den Ofen auf 250 Grad vorheizen. Dann den Teig so aufrollen, dass eine dicke gefüllte Rolle entsteht. Die Rolle in ungefähr 2 Zentimeter dicke Scheiben schneiden.

Die Scheiben auf ein bemehltes Blech setzen und 10–15 Minuten backen.

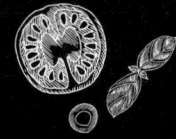

Für 12 kleine
Schnecken
Vorbereitung: 15 min
Backzeit: 10–15 min

350 g Pizzateig (s. S. 6)
4 gehäufte EL Crème
  Fraîche
ca. 15 Scheiben Lardo
2 Zweige Rosmarin

Schnecken mit Lardo di Colonnata, Rosmarin und Crème Fraîche

Den Ofen auf 250 Grad vorheizen. Den Pizzateig auf einer bemehlten Arbeitsfläche rechteckig ausrollen und die Crème Fraîche darauf verstreichen.

Die Lardo-Scheiben ebenfalls darauf verteilen. Den Rosmarin waschen, trockenschütteln, die Nadeln abzupfen und darüberstreuen. Dann den Teig so aufrollen, dass eine dicke gefüllte Rolle entsteht. Die Rolle in ungefähr 2 Zentimeter dicke Scheiben schneiden.

Die Scheiben auf ein bemehltes Blech setzen und 10–15 Minuten backen. Sofort servieren.

300 g Pizzateig (s. S. 6)
250 g Ricotta
ca. 30 Salbeiblätter
ca. 15 Scheiben Tiroler
   Speck
3 EL Olivenöl

Strudel mit Ricotta, Tiroler Speck und Salbei

Den Ofen auf 250 Grad vorheizen. Den Pizzateig auf einer bemehlten Arbeitsfläche dünn rechteckig ausrollen. Verstreichen Sie den Ricotta gleichmäßig auf der Teigfläche. Verteilen Sie anschließend den Salbei und dann den Speck darauf.

Den Teig der Länge nach in 3 Zentimeter breite Streifen schneiden, den ersten Streifen zur Schnecke aufrollen. Auf eine bemehlte Pizzaplatte einen Kreis aus Backpapier legen, diesen ebenfalls bemehlen und die Schnecke in die Mitte setzen. Dann alle weiteren Streifen halbieren und einen nach dem anderen um die Schnecke legen.

Mit Olivenöl beträufeln und ungefähr 10–15 Minuten backen, bis der Strudel goldbraun ist. Das Backpapier entfernen und sofort servieren.

*Für 12 kleine
Schnecken
Vorbereitung: 15 min
Backzeit: 15–20 min*

1 Aubergine
3 EL Olivenöl
350 g Pizzateig (s. S. 6)
4 EL Tomatensoße
 (s. S. 6)
150 g Schafskäse
4 Zweige Thymian
1 EL Honig

Kleine Schnecken mit Aubergine, Schafskäse, Honig und Thymian

Den Ofen auf 250 Grad vorheizen. Die Aubergine waschen, trockentupfen und den Stiel entfernen. Dann mit einer Mandoline in lange Scheiben hobeln und mit dem Olivenöl in einer großen Pfanne anbraten.

Den Pizzateig auf einer bemehlten Arbeitsfläche dünn rechteckig ausrollen und die Tomatensoße darauf verstreichen. Mit den gebratenen Auberginenscheiben belegen und anschließend den Schafskäse darüberbröseln.

Den Thymian waschen, trockenschütteln und die Blättchen abzupfen. Die Thymianblättchen und den Honig verteilen und den Teig so aufrollen, dass eine dicke gefüllte Rolle entsteht. Die Rolle in ungefähr 2 Zentimeter dicke Scheiben schneiden. Die Scheiben auf ein bemehltes Blech setzen und 10–15 Minuten backen. Sofort servieren.

Für 1 Pizza
Vorbereitung: 10 min
Backzeit: 10 – 15 min

300 g Pizzateig (s. S. 6)
ca. 10 Scheiben Pancetta
5 EL Tomatensoße mit
  Aubergine (s. S. 7)
1 Büffelmozzarella
2 gehäufte EL kleine
  schwarze Oliven
2 EL Olivenöl

Pizzaschnecke mit Pancetta, Oliven und Mozzarella

Den Ofen auf 250 Grad vorheizen. Aus dem Pizzateig zwischen den bemehlten Händen eine lange Wurst formen, zu einer Spirale legen und dabei 1–2 Zentimeter Platz zwischen den Schleifen lassen.

Die vorher halbierten Pancettascheiben auf den Teig verteilen, dann die Tomatensoße mit den Auberginenstücken darauf verstreichen. Den Mozzarella in Stücke schneiden und die Schnecke mit Mozzarella sowie Oliven belegen und das Ganze mit dem Olivenöl beträufeln. 10–15 Minuten backen.

350 g Pizzateig (s. S. 6)
6 EL süße Pistaziencreme
50 g Schokotropfen

Kleine Schnecken mit Pistazien und Schokotropfen

Den Ofen auf 250 Grad vorheizen. Den Teig dünn auf ein Rechteck von ca. 30 x 45 Zentimetern ausrollen, dann in ca. 5 Zentimeter breite Streifen schneiden.

Die Streifen mit Pistaziencreme bestreichen. Die Schokotropfen darüberstreuen, dann die Streifen einzeln aufrollen.

Die so entstandenen Schnecken in der Hälfte durchschneiden, nebeneinander auf ein bemehltes Blech setzen und 10–12 Minuten backen, bis sie schön aufgegangen und goldbraun gebacken sind. Heiß oder kalt servieren.

Für 1 Pizza
Vorbereitung: 10 min
Backzeit: 5–10 min

250–300 g Pizzateig
  (s. S. 6)
3 EL Tomatensoße
  (s. S. 6)
ca. 12 Kirschtomaten
1 Büffelmozzarella
6 Scheiben gekochter
  Schinken, in feine Streifen geschnitten
75 g Rucola
2 EL Olivenöl

Stern mit Kirschtomaten, Mozzarella, Schinken und Rucola

Den Ofen auf die höchste Stufe zwischen 250 und 300 Grad vorheizen. Den Teig auf einer bemehlten Arbeitsfläche zu einem Kreis von ca. 30 Zentimetern Durchmesser ausrollen und anschließend auf eine bemehlte Pizzaplatte legen.

Einschneiden wie auf S. 10 beschrieben, dann die Tomatensoße auf der restlichen Fläche verteilen. Die Tomaten waschen, trockentupfen und halbieren. Dann den Mozzarella abtropfen lassen und in Scheiben schneiden. Nun den Schinken in kleine Stücke schneiden. Anschließend die Tomaten, den Schinken und den Mozzarella auf der Tomatensoße verteilen, dann die Ränder wie auf S. 10 beschrieben falten.

Je nach Hitze des Ofens 5–10 Minuten backen. Danach den gewaschenen und trockengeschüttelten Rucola in der Mitte verteilen, alles mit Olivenöl beträufeln und sofort servieren.

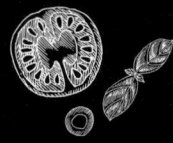

Für 1 Pizza
Vorbereitung: 10 min
Zubereitung: 25 min

350 g Kartoffeln
2 EL Olivenöl
250–300 g Pizzateig
 (s. S. 6)
4 EL Crème Fraîche
1 Büffelmozzarella
4 dünne Scheiben ge-
 kochter Schinken
2 Zweige Rosmarin

Stern mit Kartoffeln, Rosmarin, Mozzarella und Schinken

Die Kartoffeln schälen, in Scheiben schneiden und ca. 10 Minuten in einer Pfanne mit dem Olivenöl braten. Anschließend abkühlen lassen.

Den Ofen auf die höchste Stufe zwischen 250 und 300 Grad vorheizen. Den Teig auf einer bemehlten Arbeitsfläche zu einem Kreis von ca. 30 Zentimetern Durchmesser ausrollen und auf eine bemehlte Pizzaplatte legen.

Einschneiden wie auf S. 10 beschrieben, dann die Crème Fraîche auf der restlichen Fläche verteilen. Den Mozzarella abtropfen lassen, in Würfel schneiden und den Schinken in Streifen. Die Rosmarinnadeln abzupfen und die Kartoffeln auf der Crème Fraîche verteilen.

Den Mozzarella, den Schinken und den Rosmarin auf den Kartoffeln verteilen. Dann die Ränder wie auf S. 10 beschrieben falten. Je nach Hitze des Ofens 5–10 Minuten backen.

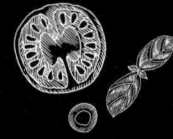

Für 1 Pizza
Vorbereitung: 10 min
Backzeit: 5–10 min

250–300 g Pizzateig
(s. S. 6)
5 EL Artischockencreme
1 große Kugel Büffel-
mozzarella
4 Artischocken
„poivrade" (kleine,
violette Artischocken aus
der Provence)
1 EL Olivenöl
Saft von ½ Zitrone
50 g Parmesan

Stern mit Artischocken-creme, rohen Artischocken, Mozzarella und Parmesan

Den Ofen auf die höchste Stufe zwischen 250 und 300 Grad vorheizen. Den Teig auf einer bemehlten Arbeitsfläche zu einem Kreis von ca. 30 Zentimetern Durchmesser ausrollen und auf eine bemehlte Pizzaplatte legen.

Einschneiden wie auf S. 10 beschrieben, dann die Artischockencreme auf der restlichen Fläche verstreichen. Den Mozzarella abtropfen lassen, in Würfel schneiden und auf der Artischockencreme verteilen. Dann die Ränder wie auf S. 10 beschrieben falten.

Die harten Blätter der Artischocken abzupfen und mit einem kleinen, scharfen Messer um die Herzen herumschneiden. Die Blätter am Artischockenboden abschneiden und die Herzen in feine Scheiben schneiden. Mit dem Olivenöl und dem Zitronensaft beträufeln und gut durchmischen.

Die Pizza je nach Hitze des Ofens 5–10 Minuten backen. Den Parmesan zu Spänen hobeln. Die Pizza nach dem Herausnehmen mit den rohen Artischocken und dem Parmesan belegen. Sofort servieren.

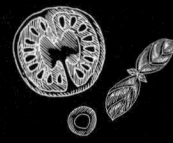

1 rote Paprika
ca. 12 eingelegte
  Tomaten
250–300 g Pizzateig
  (s. S. 6)
4 EL Tomatensoße (s. S. 6)
1 Büffelmozzarella
ca. 12 Sardellenfilets
  in Öl
½ rote Zwiebel in
  Würfeln
4 EL kleine schwarze
  Oliven
1 EL Olivenöl

Stern mit gegrillter Paprika, eingelegten Tomaten, Sardellen, Zwiebeln und Oliven

Die Paprika waschen und trockentupfen. 5–10 Minuten unter den heißen Backofengrill legen und regelmäßig umdrehen, damit sie gleichmäßig gegrillt wird. Wenn sie fast schwarz ist, in einen Gefrierbeutel packen und 15 Minuten ruhen lassen, bis sie weich ist. Die Haut abziehen, das Fruchtfleisch in Streifen schneiden und die Kerne entfernen. Die eingelegten Tomaten abtropfen lassen und in mundgerechte Stücke schneiden.

Den Ofen auf die höchste Stufe zwischen 250 und 300 Grad vorheizen. Den Teig auf einer bemehlten Arbeitsfläche zu einem Kreis von ca. 30 Zentimetern Durchmesser ausrollen und auf eine bemehlte Pizzaplatte legen.

Einschneiden wie auf S. 10 beschrieben, dann die Tomatensoße auf der restlichen Fläche verstreichen. Den Mozzarella abtropfen lassen, würfeln und zusammen mit der gegrillten Paprika, den eingelegten Tomaten, den Sardellen, der Zwiebel und den Oliven auf der Tomatensoße verteilen. Alles mit Olivenöl beträufeln und die Ränder wie auf S. 10 beschrieben falten.

Die Pizza 5–10 Minuten backen und sofort servieren.

Stern mit Schoko-Nuss-Creme und Bananen

Für 1 Pizza
Vorbereitung: 10 min
Backzeit: 10–15 min

250–300 g Pizzateig
 (s. S. 6)
4 gehäufte EL Schoko-
 Nuss-Creme
3 Bananen
40 g Haselnüsse

Den Ofen auf die höchste Stufe zwischen 250 und 300 Grad vorheizen. Den Teig auf einer bemehlten Arbeitsfläche zu einem Kreis von ca. 30 Zentimetern Durchmesser ausrollen und auf eine bemehlte Pizzaplatte legen.

Einschneiden wie auf S. 10 beschrieben, dann die Schoko-Nuss-Creme auf der restlichen Fläche verstreichen. Die Bananen schälen, in Scheiben schneiden und damit die Creme belegen. Die Nüsse grob hacken und ebenfalls darauf verstreuen.

Die Ränder wie auf S. 10 beschrieben falten. Dann die Pizza ca. 10 Minuten backen, bis der Teig goldbraun ist. Heiß oder kalt servieren.

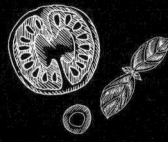

Für 1 Pizza
Vorbereitung: 20 min
Ruhezeit: 15 min
Backzeit: 25–30 min

1 Paprika
½ Aubergine
½ Zucchini
1 EL Olivenöl
250–300 g Pizzateig
  (s. S. 6)
4 EL Tomatensoße (s. S. 6)
ca. 12 Kirschtomaten
6 kleine Artischocken
  in Olivenöl

Vegetarische Sonne

Die Paprika waschen und trockentupfen. 5–10 Minuten unter den heißen Backofengrill legen und regelmäßig umdrehen, damit sie gleichmäßig gegrillt wird. Wenn sie fast schwarz ist, in einen Gefrierbeutel packen und 15 Minuten ruhen lassen, bis sie weich ist. Die Haut abziehen, das Fruchtfleisch in Streifen schneiden und die Kerne entfernen.

Die Aubergine und die Zucchini waschen und trockentupfen, dann in feine Scheiben schneiden. In einer gut geölten Grillpfanne einige Minuten von beiden Seiten anbraten, bis sie gar sind. Anschließend abkühlen lassen.

Den Ofen auf die höchste Stufe zwischen 250 und 300 Grad vorheizen. Den Teig auf einer bemehlten Arbeitsfläche zu einem Kreis von ca. 30 Zentimetern Durchmesser ausrollen und auf eine bemehlte Pizzaplatte legen.

Einschneiden wie auf S. 11 beschrieben, dann die Tomatensoße auf der restlichen Fläche verteilen.
Die Tomaten waschen, trockentupfen und halbieren. Zucchini, Aubergine, Paprika, Artischocken und Tomaten auf der Tomatensoße verteilen. Den Teig wie auf S. 11 beschrieben falten. Dann die Pizza 5–10 Minuten backen und sofort servieren.

250 g Kürbis-Frucht-
  fleisch (Butternut)
1 EL Olivenöl
2 gehäufte EL Crème
  Fraîche
Fleur de Sel
Pfeffer aus der Mühle
250–300 g Pizzateig
  (s. S. 6)
8 Scheiben Coppa
½ geräucherter
  Scamorza in feinen
  Scheiben
1 Handvoll Basilikum

Sonne mit Kürbis

Den Kürbis schälen, würfeln und in dem Olivenöl andünsten, etwas Wasser zugeben und 20 Minuten garen. Anschließend abgießen, zu einem glatten Püree mixen und abkühlen lassen. Danach die Crème Fraîche zufügen, salzen und pfeffern.

Den Ofen auf die höchste Stufe zwischen 250 und 300 Grad vorheizen. Den Teig auf einer bemehlten Arbeitsfläche zu einem Kreis von ca. 30 Zentimetern Durchmesser ausrollen und auf eine bemehlte Pizzaplatte legen.

Einschneiden wie auf S. 11 beschrieben, dann das Kürbispüree auf der restlichen Fläche verstreichen. Coppa und Scamorza darauf verteilen und den Teig wie auf S. 11 beschrieben falten.

Die Pizza je nach Hitze des Ofens 5–10 Minuten backen, aus dem Ofen nehmen, den Basilikum darauf verteilen und sofort servieren.

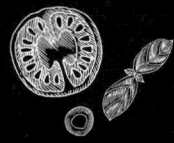

Für 1 Pizza
Vorbereitung: 20 min
Backzeit: 15–20 min

150 g Pfifferlinge
1 EL Olivenöl
250–300 g Pizzateig
(s. S. 6)
4 gehäufte EL Ricotta
1 Büffelmozzarella
40 g Haselnüsse
2 Zweige Thymian
1 Handvoll Basilikum

Die Pfifferlinge putzen und ca. 10 Minuten im Olivenöl anbraten, bis das Wasser verdampft ist.

Den Ofen auf die höchste Stufe zwischen 250 und 300 Grad vorheizen. Den Teig auf einer bemehlten Arbeitsfläche zu einem Kreis von ca. 30 Zentimetern Durchmesser ausrollen und auf eine bemehlte Pizzaplatte legen.

Einschneiden wie auf S. 11 beschrieben, dann den Ricotta auf der restlichen Fläche verstreichen. Den Mozzarella abtropfen lassen und in Scheiben schneiden. Anschließend die Pfifferlinge und den Mozzarella auf dem Ricotta verteilen. Die Nüsse grob hacken und die Thymianblättchen abzupfen.

Nüsse und Thymian auf der Pizza verstreuen und den Teig wie auf S. 11 beschrieben falten.

Die Pizza je nach Hitze des Ofens 5–10 Minuten backen, aus dem Ofen nehmen, den Basilikum darauf verteilen und sofort servieren.

Für 1 Pizza
Vorbereitung: 20 min
Backzeit: 25–30 min

200 g La Ratte-Kartoffeln
250–300 g Pizzateig
 (s. S. 6)
4 EL Crème Fraîche
3 großzügige Scheiben
 Räucherlachs
2 Zweige Dill
½ Fenchel

Sonne mit Räucherlachs, La Ratte-Kartoffeln, Dill und fein gehobeltem Fenchel

Die Kartoffeln schälen und 20 Minuten lang in Salzwasser kochen. Anschließend abgießen und abkühlen lassen.

Den Ofen auf die höchste Stufe zwischen 250 und 300 Grad vorheizen. Den Teig auf einer bemehlten Arbeitsfläche zu einem Kreis von ca. 30 Zentimetern Durchmesser ausrollen und auf eine bemehlte Pizzaplatte legen.

Einschneiden wie auf S. 11 beschrieben, dann die Crème Fraîche auf der restlichen Fläche verstreichen. Die Kartoffeln in Scheiben und den Lachs in Streifen schneiden. Den Dill zupfen. Lachs, Kartoffeln und Dill auf der Crème Fraîche verteilen.

Den Teig wie auf S. 11 beschrieben falten. Den Fenchel waschen, abtupfen und in sehr feine Scheiben hobeln. Die Pizza je nach Hitze des Ofens 5–10 Minuten backen, aus dem Ofen nehmen, den rohen Fenchel darauf verteilen und sofort servieren.

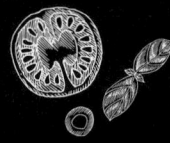

250–300 g Pizzateig
  (s. S.6)
4 EL Crème Fraîche
½ rote Zwiebel
150 g Gorgonzola
2 Birnen
75 g gemischter grüner
  Salat

Sonne mit Birnen, roten Zwiebeln, Gorgonzola und Salat

Den Ofen auf die höchste Stufe zwischen 250 und 300 Grad vorheizen. Den Teig auf einer bemehlten Arbeitsfläche zu einem Kreis von ca. 30 Zentimetern Durchmesser ausrollen und auf eine bemehlte Pizzaplatte legen.

Einschneiden wie auf S.11 beschrieben, dann die Crème Fraîche auf der restlichen Fläche verstreichen. Die Zwiebel schälen und hacken. Den Gorgonzola würfeln. Die Birnen schälen, die Kerngehäuse entfernen und in Streifen schneiden.

Den Gorgonzola auf der Crème Fraîche verteilen, darauf die Birnen und die Zwiebelwürfel geben. Den Teig wie auf S.11 beschrieben falten.

Die Pizza je nach Hitze des Ofens 5–10 Minuten backen, aus dem Ofen nehmen, den Salat darauf verteilen und sofort servieren.

Für 1 Pizza
Vorbereitung: 25 min
Backzeit: 5–10 min

350 g Pizzateig (s. S. 6)
2 Zucchini
200 g Ziegenfrischkäse
2 EL Olivenöl
50 g Kürbiskerne
Fleur de Sel
Pfeffer aus der Mühle

Sonnenblume mit Ziegenfrischkäse, Zucchini und Kürbiskernen

Den Ofen auf die höchste Stufe zwischen 250 und 300 Grad vorheizen. Den Teig auf einer bemehlten Arbeitsfläche zu zwei Kreisen von ca. 25 Zentimetern Durchmesser ausrollen. Einen Kreis auf eine bemehlte Pizzaplatte legen. Die Zucchini waschen, trocknen und raspeln. Mit dem Frischkäse, dem Olivenöl und der Hälfte der Kürbiskerne mischen.

Die Füllung mit Salz und Pfeffer würzen und wie auf S. 9 auf dem Teig verstreichen. Die zweite Teigplatte darauflegen und wie auf S. 9 beschrieben zu einer Sonnenblume formen.

Mit den restlichen Kürbiskernen bestreuen und je nach Hitze des Ofens 5–10 backen. Sofort servieren.

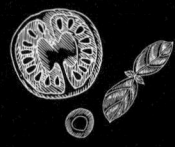

350 g Pizzateig (s. S. 6)
ca. 10 Blätter Salbei
250 g Mascarpone
1 kleine Dose Thunfisch
   in Olivenöl
Fleur de Sel
Pfeffer aus der Mühle

Sonnenblume mit Thunfisch, Mascarpone und Salbei

Den Ofen auf die höchste Stufe zwischen 250 und 300 Grad vorheizen. Den Teig auf einer bemehlten Arbeitsfläche zu zwei Kreisen von ca. 25 Zentimetern Durchmesser ausrollen. Einen Kreis auf eine bemehlte Pizzaplatte legen. Den Salbei waschen, trockenschütteln und hacken.

Den Salbei mit der Mascarpone und dem abgetropften Thunfisch mischen. Salzen, pfeffern und die Füllung wie auf S. 9 beschrieben auf dem Teig verstreichen. Die zweite Teigplatte drauflegen und wie auf S. 9 beschrieben zu einer Sonnenblume formen.

Die Pizza je nach Hitze des Ofens 5–10 Minuten backen und sofort servieren.

Für 1 Pizza
Vorbereitung: 25 min
Backzeit: 5–10 min

350 g Pizzateig (s. S. 6)
3 Scheiben Kräuter-
  schinken
1 reife Tomate
100 g Pecorino
4 EL Tomatensoße mit
  Auberginen (s. S. 7)
Fleur de Sel
Pfeffer aus der Mühle
1 EL Olivenöl

Sonnenblume mit Tomate, Kräuterschinken und Pecorino

Den Ofen auf die höchste Stufe zwischen 250 und 300 Grad vorheizen. Den Schinken in Streifen schneiden. Die Tomate waschen und in kleine Würfel schneiden. Den Pecorino reiben.

Den Teig auf einer bemehlten Arbeitsfläche zu zwei Kreisen von ca. 25 Zentimetern Durchmesser ausrollen. Einen Kreis auf eine bemehlte Pizzaplatte legen.

Die Tomatensoße wie auf S. 9 beschrieben auf dem Teig verstreichen. Darauf den Schinken, den Käse und die Tomatenwürfel verteilen und mit Salz und Pfeffer würzen. Die zweite Teigplatte darauflegen und wie auf S. 9 beschrieben zu einer Sonnenblume formen.

Die Pizza mit dem Olivenöl beträufeln, je nach Hitze des Ofens 5–10 Minuten backen und sofort servieren.

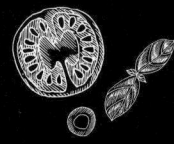

Für 1 Pizza
Vorbereitung: 25 min
Garzeit: 15–20 min

350 g Pizzateig (s. S. 6)
1 rote Zwiebel
200 g Kartoffeln
1 EL Olivenöl
100 g Speckwürfel
4 EL Crème Fraîche
1 TL getrockneter
 Oregano
Pfeffer aus der Mühle

Sonnenblume mit Zwiebeln, Kartoffeln und Räucherspeck

Den Ofen auf die höchste Stufe zwischen 250 und 300 Grad vorheizen. Den Teig auf einer bemehlten Arbeitsfläche zu zwei Kreisen von ca. 25 Zentimetern Durchmesser ausrollen. Einen Kreis auf eine bemehlte Pizzaplatte legen.

Die Zwiebel schälen und würfeln. Die Kartoffeln schälen und mit dem Olivenöl in einer Pfanne ca. 10 Minuten garen. Anschließend abkühlen lassen. Den Speck goldbraun anbraten.

Die Crème Fraîche wie auf S. 9 beschrieben auf dem Teig verstreichen. Kartoffeln, Speck und Oregano darauf verteilen, danach pfeffern.

Die zweite Teigplatte darauflegen und wie auf S. 9 beschrieben zu einer Sonnenblume formen.

Die Pizza je nach Hitze des Ofens 5–10 Minuten backen und sofort servieren.

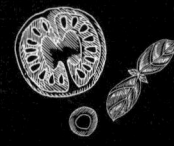

Für 1 Pizza
Vorbereitung: 15 min
Backzeit: 5–10 min

1 Kugel Mozzarella
125 g Ziegenkäse (Rolle)
150 g Gorgonzola
Pfeffer aus der Mühle
350 g Pizzateig (s. S. 6)

Drei-Käse-Sonnenblume

Den Ofen auf die höchste Stufe zwischen 250 und 300 Grad vorheizen. Alle drei Käsesorten in kleine Würfel schneiden, vermischen und mit Pfeffer würzen.

Den Teig auf einer bemehlten Arbeitsfläche zu zwei Kreisen von ca. 25 Zentimetern Durchmesser ausrollen. Einen Kreis auf eine bemehlte Pizzaplatte legen. Die Käsemischung wie auf S. 9 beschrieben darauf verteilen.

Die zweite Teigplatte darauflegen und wie auf S. 9 beschrieben zu einer Sonnenblume formen.

Die Pizza je nach Hitze des Ofens 5–10 Minuten backen und sofort servieren.

200 g Pizzateig (s. S. 6)
2 kleine Zucchini
5 Feigen
2 gehäufte EL Crème
   Fraîche
200 g Schafskäse
1 EL flüssiger Honig
Fleur de Sel
Pfeffer aus der Mühle

Zopf mit Schafskäse, Honig, Feigen und Zucchini

Den Ofen auf die höchste Stufe zwischen 250 und 300 Grad vorheizen. Den Teig auf einer bemehlten Arbeitsfläche oval ausrollen und auf eine bemehlte Pizzaplatte legen. Die Zucchini waschen, abtrocknen und in Scheiben schneiden. Die Feigen ebenfalls waschen, abtrocknen und in 6 Spalten schneiden.

Die Crème Fraîche in der Teigmitte verstreichen, den Schafskäse, die Feigen, den Honig und die Zucchini wie auf S. 8 beschrieben darauf verteilen. Salzen und pfeffern. Die Ränder um die Füllung herum einschneiden und flechten wie auf S. 8 beschrieben.

Die Pizza je nach Hitze des Ofens 7–12 Minuten backen und sofort servieren.

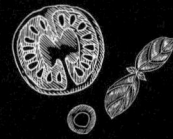

Für 1 Pizza
Vorbereitung: 20 min
Backzeit: 7–12 min

200 g Pizzateig (s. S. 6)
ca. 10 kleine Arti-
  schockenherzen in Öl
3 EL Tomatensoße
  (s. S. 6)
ca. 12 Scheiben scharfe
  Salami
50 g geriebener
  Mozzarella
2 EL Olivenöl

Zopf mit Artischocken und scharfer Salami

Den Ofen auf die höchste Stufe zwischen 250 und 300 Grad vorheizen. Den Teig auf einer bemehlten Arbeitsfläche oval ausrollen und auf eine bemehlte Pizzaplatte legen. Die Artischocken in kleine Stücke schneiden.

Die Tomatensoße in der Teigmitte verstreichen, die Artischocken, die Salami und den Mozzarella wie auf S. 8 beschrieben darauf verteilen. Mit dem Olivenöl beträufeln. Die Ränder um die Füllung herum einschneiden und flechten wie auf S. 8 beschrieben.

Die Pizza je nach Hitze des Ofens 7–12 Minuten backen und sofort servieren.

200 g Pizzateig (s. S. 6)
½ rote Zwiebel
3 EL Crème Fraîche
½ Schellfischfilet
2 Eier
Pfeffer aus der Mühle

Zopf mit Schellfisch

Den Ofen auf die höchste Stufe zwischen 250 und 300 Grad vorheizen. Den Teig auf einer bemehlten Arbeitsfläche oval ausrollen und auf eine bemehlte Pizzaplatte legen. Die Zwiebel schälen und würfeln.

Die Crème Fraîche in der Teigmitte verstreichen, die Zwiebel und den in schmale Scheiben geschnittenen Fisch wie auf S. 8 beschrieben darauf verteilen. Die Eier über der Mitte der Füllung aufschlagen, pfeffern, dann die Ränder um die Füllung herum einschneiden und flechten wie auf S. 8 beschrieben.

Die Pizza je nach Hitze des Ofens 7–12 Minuten backen und sofort servieren.

Zopf mit Kalbshack, Auberginen, Oliven und Pinienkernen

Für 1 Pizza
Vorbereitung: 25 min
Garzeit: 15–20 min

1 fein geschnittene
  Zwiebel
1 Spritzer Olivenöl
250 g Hackfleisch vom
  Kalb
Fleur de Sel
Pfeffer aus der Mühle
4 EL Tomatensoße mit
  Auberginen (s. S. 7)
200 g Pizzateig (s. S. 6)
2 EL Tomatensoße
  (s. S. 6)
1 kleine Zucchini
2 EL kleine schwarze
  Oliven
75 g Pinienkerne

Den Ofen auf die höchste Stufe zwischen 250 und 300 Grad vorheizen. Die fein geschnittene Zwiebel mit einem Spritzer Olivenöl andünsten und das Hackfleisch dazugeben. Mit Salz und Pfeffer würzen, 2 Minuten mit anbraten, dann die Tomaten-Auberginen-Soße zufügen und 5 Minuten köcheln lassen.

Den Teig auf einer bemehlten Arbeitsfläche oval ausrollen und auf eine bemehlte Pizzaplatte legen. Die Tomatensoße in der Mitte verstreichen, dann mit dem Fleisch, der in Scheiben geschnittenen Zucchini, den Oliven und den Pinienkernen belegen. Die Ränder um die Füllung herum einschneiden und flechten wie auf S. 8 beschrieben.

Die Pizza je nach Hitze des Ofens 7–12 Minuten backen und sofort servieren.

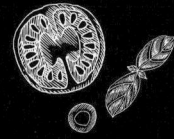

Für 1 Pizza
Vorbereitung: 20 min
Backzeit: 7–12 min

300 g rote Früchte
3 EL Mascarpone
30 g Puderzucker
Abrieb von 1 Zitrone
200 g Pizzateig (s. S. 6)

Zopf mit roten Früchten und Zitronen-Mascarpone

Den Ofen auf die höchste Stufe zwischen 250 und 300 Grad vorheizen. Die roten Früchte vorsichtig waschen und trockentupfen. Die Mascarpone mit dem Puderzucker und dem Zitronenabrieb verquirlen.

Den Teig auf einer bemehlten Arbeitsfläche oval ausrollen und auf eine bemehlte Pizzaplatte legen. Die Mascarpone in der Mitte verstreichen und die Früchte wie auf S. 8 beschrieben darauf verteilen. Die Ränder um die Füllung herum einschneiden und flechten wie auf S. 8 beschrieben.

Die Pizza je nach Hitze des Ofens 7–12 Minuten backen. Lauwarm oder kalt servieren und kurz vorher mit Puderzucker bestäuben.

Für 1 Pizza
Vorbereitung: 25 min
Backzeit: 10 min

4 EL Tomatensoße
  (s. S. 6)
ca. 10 Kapern
1 EL Oregano
350 g Pizzateig (s. S. 6)
2 Büffelmozzarella
ca. 20 Basilikumblätter
ca. 10 schwarze Oliven
  ohne Stein
1 Spritzer Olivenöl

Gerollter Stern mit Mozzarella, Kapern, Oregano und Oliven

Den Ofen auf die höchste Stufe zwischen 250 und 300 Grad vorheizen. Die Tomatensoße mit den zerquetschten Kapern und dem Oregano mischen.

Den Teig zu zwei gleich großen Kreisen ausrollen, einen auf eine bemehlte Pizzaplatte legen und großzügig mit der Tomatensoße bestreichen. Mozzarella in Scheiben schneiden und zusammen mit dem Basilikum und den in Würfel geschnittenen Oliven auf der Tomatensoße verteilen.

Die zweite Teigplatte darauflegen und wie folgt einen Stern formen: Ein Glas in die Mitte des Kreises setzen und einen Kreis anzeichnen. Den Teig um den Kreis herum in 16 Stücke unterteilen. Nicht bis zur Mitte schneiden. Jeweils 2 Abschnitte in die gegenläufige Richtung drehen, die Enden zusammendrücken, um sie miteinander zu verbinden.

Die Pizza je nach Hitze des Ofens ca. 10 Minuten backen und sofort servieren.

Für 1 Pizza
Vorbereitung: 25 min
Backzeit: 10 min

½ fein geschnittene
Zwiebel
1 Spritzer Olivenöl
200 g Rinderhackfleisch
40 g Pinienkerne
Fleur de Sel
Pfeffer aus der Mühle
350 g Pizzateig (s. S. 6)
4 EL Crème Fraîche
½ Bund frische Minze,
gehackt
100 g geriebener
Halloumi oder anderer
Backkäse

Gerollter Stern mit Hackfleisch, Käse und Minze

Den Ofen auf die höchste Stufe zwischen 250 und 300 Grad vorheizen. Die Zwiebel in dem Olivenöl dünsten, Hackfleisch und Pinienkerne zugeben. Mit Salz und Pfeffer würzen und 5–10 Minuten anbraten.

Den Teig zu zwei gleich großen Kreisen ausrollen, einen auf eine bemehlte Pizzaplatte legen und großzügig mit der Crème Fraîche bestreichen. Die Fleischmischung, die gehackte Minze und den geriebenen Käse darauf verteilen.

Die zweite Teigplatte darauflegen und wie folgt einen Stern formen: Ein Glas in die Mitte des Kreises setzen und einen Kreis anzeichnen. Den Teig um den Kreis herum in 16 Stücke unterteilen. Nicht bis zur Mitte schneiden. Jeweils 2 Abschnitte in die gegenläufige Richtung drehen, die Enden zusammendrücken, um sie miteinander zu verbinden.

Die Pizza je nach Hitze des Ofens ca. 10 Minuten backen und sofort servieren.

Für 1 Pizza
Vorbereitung: 25 min
Backzeit: ca. 10 min

250 g Champignons
1 Spritzer Olivenöl
350 g Pizzateig (s. S. 6)
5 EL Crème Fraîche
4 dünne Scheiben
  gekochter Schinken
Pfeffer aus der Mühle

Den Ofen auf die höchste Stufe zwischen 250 und 300 Grad vorheizen. Die Champignons putzen, schneiden und mit etwas Olivenöl 5–10 Minuten anbraten.

Den Teig zu zwei gleich großen Kreisen ausrollen, einen auf eine bemehlte Pizzaplatte legen und großzügig mit der Crème Fraîche bestreichen. Den klein geschnittenen Schinken und die gebratenen Champignons darauf verteilen und mit Pfeffer würzen.

Die zweite Teigplatte darauflegen und wie folgt einen Stern formen: Ein Glas in die Mitte des Kreises setzen und einen Kreis anzeichnen. Den Teig um den Kreis herum in 16 Stücke unterteilen. Nicht bis zur Mitte schneiden. Jeweils 2 Abschnitte in die gegenläufige Richtung drehen, die Enden zusammendrücken, um sie miteinander zu verbinden.

Die Pizza je nach Hitze des Ofens ca. 10 Minuten backen und sofort servieren.

350 g Nougat
350 g Pizzateig (s. S. 6)
40 g Mandelplättchen

Gerollter Stern mit Nougat und Mandeln

Den Ofen auf die höchste Stufe zwischen 250 und 300 Grad vorheizen. Den Nougat im Wasserbad schmelzen.

Den Teig zu zwei gleich großen Kreisen ausrollen, einen auf eine bemehlte Pizzaplatte legen und großzügig mit dem Nougat bestreichen. ¾ der Mandelplättchen darauf verteilen.

Die zweite Teigplatte darauflegen und wie folgt einen Stern formen: Ein Glas in die Mitte des Kreises setzen und einen Kreis anzeichnen. Den Teig um den Kreis herum in 16 Stücke unterteilen. Nicht bis zur Mitte schneiden. Jeweils 2 Abschnitte in die gegenläufige Richtung drehen, die Enden zusammendrücken, um sie miteinander zu verbinden.

Die restlichen Mandelplättchen darauf verteilen und die Pizza je nach Hitze des Ofens ca. 10 Minuten backen und sofort servieren.

Pizza-Pops mit Zucchini, Comté und Leinsamen

Für ca. 20 Pizza-Pops
Vorbereitung: 30 min
Backzeit: 10 min

300 g Pizzateig (s. S. 6)
2 gelbe Zucchini
2 grüne Zucchini
150 g geriebener Comté
2 EL Leinsamen

Den Ofen auf die höchste Stufe zwischen 250 und 300 Grad vorheizen. Den Pizzateig auf einer bemehlten Arbeitsfläche ausrollen. Die Zucchini waschen, trocknen und mit einem Gemüseschäler in feine Streifen hobeln. Mit einem Messer oder Pizzaroller Teigstreifen in der Breite der Zucchinistreifen schneiden. Die Zucchini längs darauflegen und mit Käse bestreuen.

Die Streifen in der Mitte durchschneiden und zusammenrollen. Auf eine bemehlte Pizzaplatte legen und mit Leinsamen bestreuen.

Die Schnecken je nach Hitze des Ofens ca. 10 Minuten backen und diese dann zum Servieren einzeln auf Holzstäbe stecken.

Für 4 kleine Pizzen
Vorbereitung: 30 min
Backzeit: 10 min

3 gelbe Pfirsiche
400 g Pizzateig (s. S. 6)
4 EL Crème Fraîche
2 Büffelmozzarella
ca. 12 Blätter frische
 Minze
Pfeffer aus der Mühle
ein paar Tropfen
 Balsamicocreme

Pide Pfirsich-Mozzarella

Den Ofen auf die höchste Stufe zwischen 250 und 300 Grad vorheizen. Die Pfirsiche über Kreuz einschneiden und 30 Sekunden in kochendes Wasser tauchen. Herausnehmen und mit kaltem Wasser abschrecken. Die Haut abziehen und in feine Scheiben schneiden.

Den Pizzateig auf einer bemehlten Arbeitsplatte zu 4 Ovalen ausrollen und auf eine bemehlte Pizzaplatte legen.

In der Mitte jeweils Crème Fraîche und den gewürfelten Mozzarella verteilen. Die Pfirsichscheiben ebenfalls darauf verteilen und mit der gehackten Minze bestreuen. Den Teigrand rundherum 2 Zentimeter nach oben umklappen.

Mit Pfeffer würzen und ca. 10 Minuten backen. Nach dem Herausnehmen mit der Balsamicocreme beträufeln und sofort servieren.

Für 4 kleine Pizzen
Vorbereitung: 30 min
Backzeit: 10 min

400 g Pizzateig (s. S. 6)
150 g geriebener
  Mozzarella
150 g geriebener Gouda
150 g geriebener
  Cheddar
ca. 15 schwarze Oliven
  ohne Stein
2 EL Sesam
Pfeffer aus der Mühle

Pide mit drei Sorten Käse, Oliven und Sesam

Den Ofen auf die höchste Stufe zwischen 250 und 300 Grad vorheizen. Den Pizzateig auf einer bemehlten Arbeitsplatte zu 4 Ovalen ausrollen und auf eine bemehlte Pizzaplatte legen.

In der Mitte jeweils die drei geriebenen Käsesorten verteilen. Den Teigrand rundherum 2 Zentimeter nach oben umklappen.

Die in Scheiben geschnittenen Oliven und den Sesam darauf verteilen, mit Pfeffer würzen und ca. 10 Minuten backen.

Für 1 Pizza
Vorbereitung: 30 min
Garzeit: 1 h 30

250 g Pizzateig (s. S. 6)
1 gehackte Zwiebel
1 gehäufter EL Curry-
  pulver
1 Spritzer Olivenöl
2 Hähnchenschenkel
1 Würfel Hühnerbrühe
2 Tomaten
150 g Frischkäse
2 EL Kürbiskerne
Fleur de Sel
Pfeffer aus der Mühle
2 EL Kürbiskernöl

Kranz mit Hähnchen, Curry, Frischkäse, Kürbiskernen und Tomaten

Den Teig auf einer bemehlten Arbeitsplatte ausrollen und 12 gleich große Dreiecke ausschneiden. Überlappend im Kreis auslegen, die Spitze nach außen.

In einem Schmortopf die gehackte Zwiebel mit dem Curry im Olivenöl andünsten. Die Hähnchenschenkel dazugeben und goldbraun anbraten, bis auf die halbe Höhe Wasser angießen und den Brühwürfel zugeben. Abgedeckt 35 Minuten garen.

Die Tomaten waschen, trocknen, in 6 Spalten schneiden und mit in den Schmortopf geben. Weitere 40 Minuten schmoren. Die Hähnchenschenkel von der Haut befreien und zerpflücken. Das Fleisch wieder mit den Tomaten und Zwiebeln mischen.

Den Kranz mit dem Frischkäse bestreichen, die Hähnchenmischung darauf verteilen und mit den Kürbiskernen bestreuen. Mit Salz und Pfeffer würzen, dann die Spitzen der Dreiecke nach innen umklappen.

10–15 Minuten backen. Nach dem Herausnehmen mit dem Kürbiskernöl beträufeln und sofort servieren.

Für 1 Pizza
Vorbereitung: 25 min
Backzeit: 10–12 min

350 g Pizzateig (s. S. 6)
6 EL Rucolapesto (s. S. 7)
ca. 12 Sardellen in Öl
ca. 15 Kalamata-Oliven
ca. 50 g geriebener
  Mozzarella
Pfeffer
1 Spritzer Olivenöl

Twist-Pizza mit Rucola-pesto, Kalamata-Oliven und Sardellen

Den Ofen auf die höchste Stufe zwischen 250 und 300 Grad vorheizen. Den Teig in 2 gleich große Kreise ausrollen, den einen auf eine bemehlte Pizzaplatte legen und großzügig mit dem Pesto bestreichen.

Sardellen, in Scheiben geschnittene Oliven und geriebenen Mozzarella darauf verteilen. Mit Pfeffer würzen.

Die zweite Teigscheibe drauflegen und wie folgt formen: Die Mitte markieren, 14 Einschnitte nicht ganz bis zur Mitte vornehmen. Die so entstandenen Teigabschnitte zu Kordeln drehen.

Je nach Hitze des Ofens ca. 10 Minuten backen, mit einem Spritzer Olivenöl beträufeln und sofort servieren.

Für 1 Kranz
Vorbereitung: 20 min
Backzeit: 10–15 min

300 g Pizzateig (s. S. 6)
6 EL Basilikumpesto
  (s. S. 7)
1 Büffelmozzarella
50 g Pinienkerne
6 dünne Scheiben
  Südtiroler Speck
1 Spritzer Olivenöl

Gewundener Kranz mit Pesto, Pinienkernen und rohem Schinken

Den Ofen auf 250 Grad vorheizen. Den Teig auf einer bemehlten Arbeitsfläche rechteckig ausrollen und mit dem Pesto bestreichen. Den Mozzarella in kleine Würfel schneiden. Den Käse, dann die Pinienkerne und zum Schluss den Speck auf das Pesto verteilen.

Den Teig aufrollen, damit eine lange Teigrolle entsteht. Mit einem scharfen Messer der Länge nach durchschneiden. Die beiden so entstandenen Teigwürste umeinander verdrehen und zu einem Kranz schließen.

Den Kranz auf eine bemehlte Pizzaplatte legen, mit einem Spritzer Olivenöl beträufeln und 10–15 Minuten goldbraun backen.

Für 2 Baguettes
Vorbereitung: 30 min
Backzeit: 10–15 min

400 g Pizzateig (s. S. 6)
8 EL Tomatensoße
 (s. S. 6)
6 Scheiben gekochter
 Schinken
ca. 20 schwarze Oliven
2 Kugeln Mozzarella

Pizza-Baguette

Den Ofen auf die höchste Stufe zwischen 250 und 300 Grad vorheizen. Den Teig auf einer bemehlten Arbeitsfläche zu 2 gleich großen Rechtecken ausrollen. Beide Rechtecke großzügig mit der Tomatensoße bestreichen, den Schinken, die in Scheiben geschnittenen Oliven und den in Scheiben geschnittenen Mozzarella darauf verteilen.

Jeweils zum Baguette aufrollen. Die Enden zusammendrücken, damit die Füllung nicht herausquillt, und auf Backpapier auf eine Pizzaplatte legen.

Die Baguettes ca. 10 Minuten goldbraun backen.

Für 1 Pizza
Vorbereitung: 25 min
Backzeit: 15–20 min

350 g Pizzateig (s. S. 6)
ca. 20 Scheiben Cheddar
ca. 30 sehr feine
   Scheiben scharfe Salami

Pizza zum Zerpflücken mit Käse und scharfer Salami

Den Ofen auf 250 Grad vorheizen. Den Teig auf einer bemehlten Arbeitsfläche ausrollen und mit den Käse- und Salamischeiben belegen.

In Rechtecke von 4 x 5 Zentimetern schneiden und stapeln. Eine Kastenform mit Backpapier auslegen. Die Pizzascheiben quer hineinschichten.

15–20 Minuten goldbraun backen, bis der Käse geschmolzen ist.

Für 1 Pizza
Vorbereitung: 25 min
Backzeit: 15 min

300 g Pizzateig (s. S. 6)
150 g geriebener
  Cheddar
4 Scheiben Kräuter-
  schinken
1 gestrichener EL
  getrockneter Oregano

Geschnittene Rolle mit Cheddar, Kräuterschinken und Oregano

Den Ofen auf 250 Grad vorheizen. Den Teig auf einer bemehlten Arbeitsfläche zu einem Rechteck ausrollen, mit dem geriebenen Käse sowie dem Schinken belegen und mit Oregano bestreuen.

Teig und Füllung zu einer dicken Rolle formen und auf eine bemehlte Pizzaplatte setzen. Mit einem scharfen Messer in 2 Zentimeter breite Scheiben schneiden. Die so entstandenen gerollten Scheiben versetzt legen.

Die Scheiben ca. 15 Minuten goldbraun backen.

VERLAGSGRUPPE PATMOS

PATMOS
ESCHBACH
GRÜNEWALD
THORBECKE
SCHWABEN

Die Verlagsgruppe
mit Sinn für das Leben

Für die Verlagsgruppe Patmos ist Nachhaltigkeit
ein wichtiger Maßstab ihres Handelns. Wir
achten daher auf den Einsatz umweltschonender Ressourcen und Materialien.

5. Auflage 2018
Alle Rechte vorbehalten
Aus dem Französischen von Karen Gerwig
© der französischen Originalausgabe unter
dem Titel: Les nouvelles Pizzas a partager du
bout des doigts Mango Éditions, Paris 2016
© der deutschen Ausgabe 2017 Jan Thorbecke
Verlag, ein Unternehmen der Verlagsgruppe
Patmos in der Schwabenverlag AG, Ostfildern
www.thorbecke.de

Umschlaggestaltung: Finken & Bumiller,
Stuttgart
Fotos: Amélie Roche
Layout: Vincent Fraboulet
Satz: Schwabenverlag AG, Ostfildern
Druck: Theiss, St. Stefan
Hergestellt in Österreich
ISBN 978-3-7995-1160-5 (Print)
ISBN 978-3-7995-1188-9 (ebook)

Maßeinheiten

Flüssigkeiten

Metrisches System	Küchenmaß	Anderer Name
5 ml	1 TL	
15 ml	1 EL	
35 ml	1/8 cup / Tasse	1 oz
65 ml	¼ cup oder ¼ Glas	2 oz
125 ml	½ cup / ½ Wasserglas	4 oz
250 ml	1 cup / 1 Wasserglas	8 oz
500 ml	2 cups / 2 Wassergläser	
1 l	4 cups / 4 Wassergläser	

Feste Stoffe

Metrisches System	Küchenmaß	Anderer Name
30 g	1/8 oz	
55 g	1/8 lbs	2 oz
115 g	1/4 lbs	4 oz
170 g	3/8 lbs	6 oz
225 g	1/2 lbs	8 oz
454 g	1 Pfund	16 oz

Backtemperaturen

Hitze	° Celsius	Thermostat	° Fahrenheit
Sehr niedrig	70 °C	Th. 2–3	150 °F
Niedrig	100 °C	Th. 3–4	200 °F
	120 °C	Th. 4	250 °F
Mittlere Hitze	150 °C	Th. 5	300 °F
	180 °C	Th. 6	350 °F
Heiß	200 °C	Th. 6–7	400 °F
	230 °C	Th. 7–8	450 °F
Sehr heiß	260 °C	Th. 8–9	500 °F